Katrin Brockmöller /
Aurica Jax (Hrsg.)

Frauen*
beten

Katrin Brockmöller /
Aurica Jax (Hrsg.)

Frauen*
beten

camino.

Die Herausgeberinnen

Dr. Katrin Brockmöller, Bibelwissenschaftlerin und Pastoral-referentin, promovierte im Bereich der alttestamentlichen Weisheitstheologie. Sie ist seit 2014 Direktorin des Katholischen Bibelwerks e.V.

Dr. Aurica Jax, Theologin und Historikerin, promovierte in Tilburg (Niederlande) zu geschlechtergerechten Gottesbildern. Seit 2019 leitet sie die Arbeitsstelle für Frauenseelsorge der Dt. Bischofskonferenz.

1. Auflage 2023
Ein camino.-Buch aus der
© 2023 Verlag Katholisches Bibelwerk GmbH, Stuttgart
Alle Rechte vorbehalten

Für die Texte der Einheitsübersetzung der Heiligen Schrift,
© 2016 Katholische Bibelanstalt GmbH, Stuttgart
Alle Rechte vorbehalten

Umschlaggestaltung: Finken & Bumiller, Stuttgart
Umschlagmotiv: shutterstock.com, Pranch
Gestaltung und Satz: Olschewski Medien GmbH, Bad Ditzenbach
Hersteller gemäß ProdSG:
Druck und Bindung: Finidr s.r.o., Lipová 1965,
737 01 Český Těšín, Tschechische Republik
Verlag: Verlag Katholisches Bibelwerk GmbH,
Silberburgstraße 121, 70176 Stuttgart

www.bibelwerkverlag.de
ISBN 978-3-96157-191-8

INHALT

Hof **F** en
Be **R** ühren
D **A** nken
R **U** fen
Schw **E** igen
Si **N** gen

Lo **B** en
Klag **E** n
Ver **T** rauen
Such **E** n
Besi **N** nen

Margarete Kohlmann

Vorwort

Für dieses Buch haben fast hundert Frauen* ihr Leben mit Gott ins Gespräch gebracht. Sie sprechen vom Gebären und Sterben, von Glück und Schmerz, von Gewalt und Frieden. Alle Gebete verbindet die gemeinsame Sehnsucht nach Segen und der Gegenwart G*ttes. Jedes dieser Gebete schöpft aus dem Reichtum der christlichen Spiritualität und aus der Fülle der unterschiedlichen Lebenserfahrungen. Lassen Sie sich beim Lesen von der Offenheit und Kraft dieser Gebete berühren und beten Sie mit Ihren eigenen Worten weiter.

Wir bedanken uns bei allen, die bereit waren, so mutig eigene Herzenstexte mit anderen zu teilen.

Als Herausgeberinnen danken wir auch der Lektorin Karina Jung herzlich dafür, dass nach dem Band mit den Predigten „Frauen verkünden das Wort" nun ein Band mit Gebeten entstehen konnte.

Wir wünschen Ihnen inspirierende Momente beim Lesen und Beten!

Ihre
Katrin Brockmöller und Aurica Jax

Gespräche
mit Gott

Gottheit mit vielen Namen

Du Gott*,
bist Himmel und Erde,
Feuer, Wasser, Luft und Geist,

Gottheit mit vielen Namen,
die Verschmelzung von Göttin und Gott,
die empfängt, gebiert und zeugt.

Alles, was wir aus Freude und Liebe tun,
sind deine Rituale.
Du liebst uns immer bedingungslos,
auch wenn wir uns von dir abwenden.

Du bist die reiche Erde,
die Gesundheit und Glück besitzt,
die mächtiger ist als alle ihre Kreaturen.
Du lehrst deine Kinder.

Du liebst uns Menschen
und lässt aus Unterdrückung, Leiden und Tod,
Wachsen, Reifen und Bewusstsein werden.

Lichtvolle Momente des Glücks erfahren, die aus
deiner Gegenwart leben,
die Verzweiflung und Aggression in Neuanfänge

und Vertrauen wandeln,
die hoffen, glauben und lieben.

Du bist die Kraft in allem,
uralte Weisheit, Weite, Wohlgeruch,
Feuer unserer Liebe, Respekt, Sehnen,
Verbindung und Leben.

Amen.

Jutta Golly-Rolappe

Gottessuche

Mutterseelenallein
war ich in der Gewalt.
Keine Hoffnung, kein Trost,
kein Gott, der mit entgegenkam.

Ich suchte dich
und fand dich nicht.

Gott, gib nicht auf, mich zu suchen.
Ich warte.

Barbara Haslbeck & Erika Kerstner

Wie ist dein Name?

Gott,
Du hast so viele Namen:
Ruach – Geistkraft
Feuer
Quelle
Vater
Mutter
Lebendige
Ewiger
Der Name
Ich bin
Immanuel – der mit uns geht
Bruder
Herr
Sanftes, leises Säuseln
Licht
Der Weg, die Wahrheit und das Leben
Brot des Lebens
Freundin
...
Welchen Namen hast Du für mich? Heute?
Wie kann ich dich finden, dir begegnen?
Wie bist Du da an meiner Seite?

Lass mich dich spüren, Gott!
Amen.

Janina Adler

Lass Dich entdecken

GOTT,

traditionelle Worte
haben mein Denken,
meine Bilder von Dir geprägt.
Leer geworden und brüchig
sind sie mir –
die Namen,
die wir für Dich haben.

Und ich spüre Leere,
die mich suchen lässt nach so viel mehr,
die mich tasten lässt nach Worten,
die Deine Weite,
Deine Fülle ausdrücken könnten.

Ein Sehnen ist in mir nach Wohlwollen,
nach Zärtlichkeit,
nach heilender Nähe.

Heilige Ganzheit,
DU,
vertrauensvolle stelle ich mich
in Deine bergende Wärme.
Amen.

Almuth Blumenroth

Einfach unfassbar

Schöpferin Geist, Lebenskraft,
welche Bereicherung und Fülle steckt darin,
dich so zu nennen.
Welche Befreiung, welche Vielfalt,
welcher Reichtum,
Ich ahne deine Weite, Größe und Kraft.
Ja, DU, begegne mir immer wieder neu, anders.
Und öffne mich für neue Begegnungen und
Berührungen mit dir.

Barbara Bruns

Dank – Gebete für jeden Tag in Leichter Sprache

Zu den fett gedruckten Wörtern gibt es die jeweilige Gebärde

Du bist wie eine **Mutter**.
Du **beschützt** mich
 – und **alle** Menschen.
Gott sei **Dank**.

Du bist wie eine **Freundin**.
Du gehst viele **Wege** mit mir
– und mit **allen** Menschen.
Gott sei **Dank**.

Mein **Leben** ist **bunt** mit dir.
Du **segnest** mich
– und **alle** Menschen.
Gott sei **Dank**.

Claudia Ebert

1

2

3

15

DU

Wie soll ich DICH nennen?

Die Bezeichnungen meiner Kindheit sind mir
vertraut, sie bergen mich – und engen mich ein.

Die Begriffe der Lieder, mit denen ich das Glauben
lernte, von DIR und zu DIR sang, in denen ich
meine Sehnsucht nach DIR badete,
tragen – aber nur noch manchmal.

Wie soll ich DICH nennen Grund meines Lebens,
Basis meines Vertrauens,
Kraft meines Handelns,
Quelle meines Humors?

Dann hörte ich,
neulich bei einer Lesung,
ein neues Wort für DICH:
„Gott-Sternchen".

Ich hatte das Tetragramm schon öfter *gelesen*
G*TT,
aber an diesem Abend *hörte* ich es zum ersten Mal.

(Und der Glaube kommt vom Hören.)
Ich hörte mit welcher Leichtigkeit die Herausge-
berin es las, spürte die Liebe und Vertrautheit mit
der die Autorin das Wort schrieb.

„Gott-Sternchen"
Ich denke an die Weite,
die unergründlich ist wie Du
und an die Geborgenheit, mit der Du uns, wie
ideale Eltern, beim Schlafengehn' umfängst.

Werde ich Dich künftig „Gott-Sternchen" nennen,
wenn ich über Dich spreche?

Was meinst Du?

Katrin Gallegos Sánchez

*Anm. der Herausgeberinnen: Tetragramm bedeutet übersetzt: vier
Buchstaben und bezieht sich auf die vier Konsonanten des Gottes-
namens in der hebräischen Bibel: JHWH. Dieser Name wird im Judentum nie ausgesprochen, sondern umschrieben mit „mein Herr".
Im Deutschen wird daher der Name oft zum „HERRN" in Großbuch-
staben. Um diesen ständigen „Herrn" zu vermeiden, schreiben viele
GOTT. G*TT ist eine gendersensible Weiterentwicklung des Tetra-
gramms, die so auch im liberalen Judentum verbreitet ist.

Gebet mit einer Zwiebel
in der Hand

Du kennst mich, mein Gott, und Du weißt es:
Ich koche so gerne.
Ich liebe es, Gemüse zu fassen, Teig zu kneten,
Gewürze unterzurühren.
Für all die Farben und Aromen dieser Erde
überkommt mich Dankbarkeit.
Ach, könnte ich einmal für dich kochen!
Es wäre wie ein Gebet ...

Wäre ich nur Sarah, die deinen Besuch bekommt –
Unangemeldet stört mich nicht!
Ich backe für dich Brot mit feinstem Mehl.
Und während sich die goldene Kruste bildet,
schleiche ich in deine Nähe.
Ich mische mich nicht ein in dein Gespräch
mit Abraham,
aber ich vergewissere mich: Du bist es, Du bist da.
Dann renne ich wieder zum Brot:
Es darf nicht zu dunkel werden!
Ich bringe es dir, warm und duftend,
und hoffe so sehr, dass es dir schmeckt.

Ich höre, wie Du nach mir fragst, und mein Herz
klopft schneller.

Wäre ich nur Martha, und Du wärest mein Gast.
Ich bringe dir gleich ein Glas Wein und
ein Stück Brot.
Dann stürze ich mich auf meinen Vorrat,
überlege kurz,
bereite mein bestes Gericht aus dem,
was im Haus ist.
Ich schmecke ab und ich weiß,
Du freust dich auf das Essen.
Darum singe ich leise in der Küche.
Manchmal stehe ich an der Küchentür,
eine runde Zwiebel in der Hand,
und versuche, deine Worte zu hören,
ein wenig Maria zu sein.

Wäre ich nur zu Hause in deinem Gleichnis
vom Hochzeitsmahl!
Ich helfe dir nach Leibeskräften
mit aller Fantasie und Kunst, die Du mir gegeben.
Die Salatteller werden eine Symphonie von Farben.
Aus den Töpfen duftet es himmlisch.
Und nichts schmeckt süßer als der Honig
auf den Früchten.

Deine Sehnsucht steckt mich an,
alle Menschen einzuladen,
die Verlorenen willkommen zu heißen,
allen Hunger und Durst zu stillen.

Ach, könnte ich einmal für dich kochen ...
Es wäre wie ein Gebet.

Susanne Gäßler

Manchmal möchte ich
Dich anschreien ...

Manchmal möchte ich Dich anschreien, Gott.
Wenn ich Deine Allmacht noch weniger begreife
angesichts von Krieg, Terror und Gewalt,
möchte ich schreien.
Ich soll Frieden stiften und Gerechtigkeit ernten?
Gib mir den Mut, für Deinen Frieden einzustehen.

Manchmal möchte ich Dich anschreien, Gott.
Wenn Deine freiheitschenkende Macht
Mauern und Grenzen bauen lässt,
möchte ich schreien.
Ich soll mit Dir Mauern überspringen können?
Gib mir die Kraft, sie auch einzureißen.

Manchmal möchte ich Dich anschreien, Gott.
Wenn Deine Nächstenliebe nicht gel(i)ebt wird
und Menschen diskriminiert werden,
möchte ich schreien.
Ich soll meine*n Nächste*n lieben?
Gib mir die Liebe, Menschen zu begegnen.

Manchmal möchte ich Dich anschreien, Gott.
Wenn trotz Deiner unsichtbaren Nähe
Menschen einsam und verloren sind,
möchte ich schreien.
Ich soll mich nicht fürchten, weil Du bei mir bist?
Gib mir Aufmerksamkeit, um Deine Nähe zu
spüren.

Manchmal möchte ich Dich anschreien, Gott.
Wenn Deine Möglichkeiten, die Du gibst,
mich trotzdem wieder zweifeln lassen,
möchte ich schreien.
Ich soll Vieles können,
weil bei Dir alles möglich ist?
Gib mir Gelassenheit, damit ich Neues wage.

... und manchmal kann ich nur ganz still sein,
weil mir für all das die richtigen Worte fehlen.

Paula Greiner-Bär

Gott, wer bist DU?

Gott – das Wort ist so leer
und gleichzeitig so voll.
Besetzt mit Gedanken und Bildern der Kindheit.

Gott – ein alter Mann mit Bart! –
Dieses Bild entfernt Gott immer weiter von mir.

Herr – da fehlt der Name.
Herr allein gibt für mich keinen Sinn.
Herr steht einsam und verloren vor mir.

Herrgott – das ist schon besser, vollständiger!
Aber ich verbinde es mit Flüchen meiner Kindheit.
„Herrgott nochmal, kannst du nicht ruhig sein?"

Vater – Jesus nannte Gott Vater
und viele machen es ebenso.
Auch ich! – „Vater unser im Himmel ..."

Vater – es bleibt mir fern,
Ich sehe meinen Vater vor mir,
das hinterlässt ein ungutes Gefühl,
berührt eine Narbe tief in mir.

Warum Herr, warum Vater, warum Mann?

Mutter vielleicht? – Gott Mutter!
Auch dieser Begriff ist belegt.
Mit Erinnerungen,
guten und weniger guten Gefühlen,
aber nicht mit einer Ahnung von Gott.

Gott, mein König, meine Burg –
so nannten Gott unsere Vorfahren im Glauben.
Erinnerungen an eine längst vergangene Zeit.
Könnte ich heute „Gott, mein Präsident" sagen,
oder „Gott, mein Eigenheim"?
Die Sprache lässt eine Mauer entstehen.
Gottes Nähe ist mir durch Worte versperrt.
Und ich werde sprachlos.

Da entsteigt
aus den Tiefen meines Herzens
ein „Du"! –
Du unser im Himmel! –
Du, erbarme dich!

Christiane Herbst-Jütten

Auf der Suche

Wo bist Du Gott
die mich umgibt
wohin
hast Du dich entfernt

Wo bist Du, Gott
die Du Wunder vollbringst
bin ich ihrer
nicht wert

Wo bist Du Gott
die Du mich doch liebt
warum
lässt Du mich allein

Wo bist Du Gott
Ich bin bereit
Komm hilf mir
dich zu finden

Christa Krämer

Lesend Betende

Ja, mein Gespräch beginnt mit dem Aufklappen der Heiligen Schrift. Es speist sich aus dem neugierigen Lesen dieser Geschichten von Macht und Ohnmacht, von Gewalt und Wehrlosigkeit, von Unterdrückung und Rettung, von Heilung und Verfluchung. Es fließt staunend und wortlos, von Zeit zu Zeit anhaltend in Visionen und Gebeten, im Fluch und Lobpreis. Es atmet eine längst vergangene Wirklichkeit einer Menschheit, die bis heute nichts gelernt hat. Es zittert in Furcht, dass doch immer neu die Falschen gewinnen. Es wird laut in den Fragen und Anfragen an das Gelesene und in den Hoffnungen, die mir zuwachsen. Und leise wispernd dringt in Herz und Ohr das Sprechen des Unaussprechlichen: „Sieh dir meine und deine Welt an! Vertraue meiner Gegenwart in allem! Schreib mit mir deine eigene Geschichte von Gestalten und Scheitern!" Was für Zumutungen, die mich da erreichen! Aber sie dringen mit so liebevoller Stimme zu mir, dass zögernd, aber gewiss eine Antwort wächst. Ja, ich will gehen, will es wagen zu gestalten. Verlass mich nicht. Amen

Anne Rademacher

Katholische Sehnsucht

Ich vermisse Dich Gott,
überall da, wo Menschen angefeindet werden,
nur weil ihre Liebe nicht den lehramtlichen
Vorstellungen entspricht,
nur weil sie als Frau sich zur Priesterin berufen
fühlen,
nur weil er als Priester gerne in Partnerschaft
leben würde,
nur weil Mann zur Frau, Frau zu Mann wird,
nur weil ...

Ich vermisse Dich Gott,
wenn es dann heißt
„werde doch evangelisch",
„das ist nicht mehr katholisch",
„machtgeil und zu wenig Demut"

Ich vermisse Dich Gott,
wenn Verletzung auf Verletzung folgt
Menschen gedemütigt und verurteilt werden.

Ich vermisse Dich Gott ...
Vermisse ich wirklich Dich?

Sehe ich Dich gerade nicht in all den vielen
Gesichtern
die angefeindet und ausgegrenzt werden
in all der Liebe, all dem Leben,
aller Suche nach Dir?

Ich vermisse nicht Dich
Du bist die, die spürbar, sichtbar
in jedem Gesicht sich spiegelt
das weiter Dir folgt
obwohl es im Namen der Kirche
verwundet und verurteilt worden ist

Ich vermisse
dass die verurteilenden Buchstaben ausgestrichen
werden,
mit Worten der Liebe und Würde erneuert
mit Deinen Worten, Gott,
schwarz auf weiß.
Doch mein Vermissen
ist voller Hoffnung,
dass Deine Liebe größer ist.
Ein Vermissen voller Sehnsucht nach Dir.

Sr. Marie-Pasquale Reuver

Zuversicht

Als Mensch mit Zweifeln,
ohne Wissen, was mich hält,
ohne Wissen, was ich soll,
ohne Wissen, was ich bin,
auf der Suche nach mir,
auf der Suche nach Sinn,
auf der Suche nach Geborgenheit,
stehe ich da. Bin ich dennoch einfach da.

Mit meinen Zweifeln an allem, vor allem an mir,
bei all dem, was kommt und ist und geht,
beim Frau-Sein, Mutter-Sein, Angestellten-Sein,
beim täglichen Tun, Machen und Geben,
dem „Recht-Tun",
„Richtig-Machen",
„Weiter-Geben"
begleitet doch von dem Wunsch nach
„Sieh mich!: ich tue",
„Sieh mich!: ich mache",
„Sieh mich!: ich gebe",

Mit meinen Zweifeln bin ich.
Aber ich verzweifle nicht:
Denn wenn ich mir Zeit nehme, suche,
spüre in mir,
im stillen Raum einer großen Kirche,
in Berührung mit der Natur,
in Bewegung,
in wertgebenden Gesprächen,
dann kommt so ein Gefühl,
manchmal,
so ganz unbewusst:
ein Gefühl der Zuversicht.
Ein Halt.
Eine Bestätigung.
An Anflug von Geborgenheit.
Fern von Zweifeln ...
Ein Gefühl der Zuversicht?
Mein Zeichen!
Danke – Du eine* „Ich bin da".
Ja.

Susanne Schilling

Niemand weiß Genaues

Gott, niemand weiß Genaues über dich!
nur die kirchenrechtsstudierten Besserwisser
und die klerikalen Verantwortungsverweigerer ...
Wohin mit meiner Wut und meinem Frust?
Hältst Du es noch in dieser Kirche aus?
Oder muss ich dich woanders suchen?
Bei den Altkatholiken? – bist Du dort?
in anderen Religionen?
oder die Frage nach dir verdrängen?
Wo bist Du?
...
...
...
Ohne dich – das geht nicht, weil es nicht geht.
Hilf mir, dich zu suchen!
Hilf mir nicht, dich zu finden –
das wäre zu viel verlangt,
aber hilf mir, deinen Schatten zu sehen –
das wäre mir genug!
Amen

Sr. Susanne Schneider

Sehnsucht

Meine Seele streckt sich aus
nach ...
kommst Du vorbei
und berührst mich?

Du,
ja Du
genügst.

Mich Dir überlassen
nicht wissen
was kommt
und
staunen und
trauen und
loben

Da Sein
hier und jetzt
als ganzer Mensch
die lebt
in Dir.

Du nahmst mir die Stütze
Willst selber sie sein
mit Dir gehen
allein

Bleiben in Dir
wo sonst?

Sr. Ruth Schönenberger

Schöpferische Kraft,

einen Augenblick möchte ich bei dir sein.
Du schaust mit freundlich über die Schulter.
Manchmal staune ich darüber,
wie mühelos mir die Dinge gelingen.
Wenn ich tue, was in meinen Kräften steht,
kommst Du mir mit dem entgegen,
was noch fehlt.
Darauf vertraue ich.
Das reicht.
Danke.

Ursel Schwanenkamp

Mein Lebensreim

Ich lege meine Wonne
in DEINE Sonne.

Ich trage meinen Schmerz
an DEIN Herz.

Ich lasse meine Fragen
von DIR tragen.

Öffne DU DEINE Ohren,
sonst sind WIR verloren.

Katharina Tokens

Klage aus dem Dazwischen

Ich bin dazwischen – irgendwie,
und meine Gedanken drehen sich im Kreis.
Sitze hier, in unserer alten Kapelle.
Das Licht malt bunte Muster auf den Boden.
Wachsduft, feuchte Mauern, Weihrauch in der Luft.
Alte Steine, von Tausenden Füßen abgelaufen.

Dein Volk – und ich ein Teil davon.
Deine Kirche – Seelenheimat.
Deine Kirche – zum Verzweifeln!
Ich bin dazwischen – irgendwie.
Ist das noch deine Kirche?
Deine Botschaft: Liebt einander.
Dein Wort: Kommt alle zu mir.

Deine Kirche: Grenzt aus. So viele. Zu viele.
Verrannt in Traditionen, Machtstreben
und Katechismen
entscheiden Kleriker, wer zu dir kommen darf,
entscheiden Kleriker, wer würdig ist für was.
Aber – hast du nicht jedem Würde eingehaucht?
Hast du nicht alle mit Liebe bekleidet?
Masochistisch scheint das Hoffen auf deine Kirche.

Ich bin dazwischen, Gott,
nicht ganz fort und nicht mehr ganz dabei.
Zwischen Frieden und Kampf,
Hoffnung und Frust.
Gott – was willst DU von mir, das ich tue.
Wir werden immer weniger,
die Enttäuschten gehen.
Unsere Kirche am Leben zu erhalten,
die Kirche, gegen die wir rebellieren –
Schizophren komme ich mir vor.
Gott – was willst DU von mir, das ich tue?
Will ich deine grenzenlose Liebe offenbaren,
dann muss ich Brot und Wein mit jedem teilen,
der sich sehnt nach dir.
„Sie" lassen es nicht zu:
zu leben, was wir leben müssen
zu tun, was wir tun müssen.
Gott – was willst DU von mir, das ich tue?
Ich bin dazwischen – irgendwie.
und meine Gedanken drehen sich im Kreis.
Sag mir doch, was ich tun soll.

Eva Weinitschke

Alte Texte neu gesprochen

Ein anderes Vaterunser

Du
unser „Ich bin da"
überall
dein Name ist uns
unaussprechbar heilig
dein Reich der
Gerechtigkeit und des Friedens
wachse unter uns Menschen.
Was Du willst
geschehe
im Himmel
wie auf Erden.
Gib uns täglich
Brot und Rosen,
Würde und Liebe.
Vergib uns,
wo wir schuldig werden,
damit auch wir
einander vergeben können.
Und führe uns sicher
durch alle Versuchungen.
Mach uns frei von allem,
was uns unmenschlich macht.

Denn dein ist das Reich der Gerechtigkeit,
die Kraft des Friedens
und die Herrlichkeit der Liebe.

Amen

Sabina Brandenstein

Frauwerdung – ein Klagepsalm

viel zu oft
übersehen
überhört
geschlagen
missbraucht
missachtet
verlacht
gedemütigt
ausgeschlossen
verwundet
verletzt
geschunden
an Körper Seele und Geist

Wie konnte das passieren?
Das muss um Gottes Willen aufhören!

Du unser Gott
unterbreche Gewalt und Ignoranz!

Lass Frieden und Gerechtigkeit blühen
umarme uns
Deine Schöpfung!

Petra Dierkes

Ein Psalm auf dem Weg zu dir

Dich suche ich! Bei Tag und auch bei Nacht!
Sehnsucht ist meine ständige Begleiterin.
Wie soll ich dich denken?
Dich erkennen im alltäglichen Allerlei?
Vertraut bist Du mir und seltsam fremd zugleich!
Besondere* Freundin* Gott,
oft so fern und doch stets an meiner Seite.
Im zärtlichen Wehen des Windes,
im leisen Rauschen der Blätter bist Du bei mir.

Maike Domsel

So schreit meine Seele

(vgl. Psalm 42,1)

Meine Seele schreit
Sie will gehört werden
Ihr Lechzen, ihr Sehnen, ihre Bedürftigkeit
Wie oft habe ich sie ignoriert
Hab ihre leisen Töne zum Schweigen gebracht

Ihr Schrei ist nicht gellend wie der Donner
Sie schreit eher lautlos
Du stilles Geschrei
So unruhig in mir

Meine Seele schreit in Bildern
Feuer, blutrot, das mich versengt
Wasserfluten, in denen ich ertrinke
Die Klippe, von der ich in die Tiefe stürze

Meine Seele schreit aus meinem Körper
Rasender Kopfschmerz
Herzrhythmusstörungen
Magenschleimhautentzündung
Schlaflosigkeit
Depression

Wegdrücken
Geht nicht mehr
Meine Seele schreit
Ach wär sie doch endlich ruhig!
Der Wunsch, sie zum Schweigen zu bringen
Leben auf der Grenze
Lebensgefahr

Harren, Ausharren, Aushalten –
Wäre schon viel, wenn es gelingt
Hinhören, Hinspüren, Aufhorchen
Hören, wie es klingt, das Lechzen und Sehnen
Die Sehnsucht nach Leben dahinter
Tut weh

Und dann die Entdeckung
Da ist ein Resonanzraum,
der weit über mich hinausreicht
Die Welt ist voller Klang
Da sind viele Stimmen
Eine erreicht mich
Sie ruft mich
Sie berührt meine Seele

Ich möchte

Meinen Körper in die Schwingung halten
Und die Resonanz des Klanges spüren
Meine Seele wird weit
Da geht mir das Herz auf
Bin getragen in meiner Verletzlichkeit

Manchmal ahne ich es
Ich glaub es nicht

Susanne Englert

Ich bin da

Ein Gebet nach Psalm 139

Gott, Lebendige, Du hast mich erforscht und Du
kennst mich
  - Besser als ich mich selbst

Du verstehst meine Gedanken von fern
    Auch wenn ich sie nur kreisen spüre

Mein Gehen und mein Lieben – Du misst es ab
  - Auch wenn ich meine, ich bin nicht genug.

Ich halte dir hin, was ich alleine nicht aushalten
kann:
meine Angst
meine Ohnmacht, meine Schwäche
meine Trägheit, mein Nicht-Genügen
meinen Schmerz, meine Verwundbarkeit
meine glühende Wut.

Ich halte dir hin, das schreiende Unrecht
Die riesige Not
Das große Wirrwarr, das unsere Welt gerade ist.

Und Du, Gott, nimmst
Was ich hinhalte
Und sagst:

Ich bin da.

Ruth Fehlker

DU bist meine Stärke

Ein Psalm im Krieg

Du bist meine Stärke,
ich verlass' mich auf Dich.

Nicht auf Geld, Ruhm und Säbelrasseln,
nicht auf Panzer, Drohnen und Aufrüstung.
Nicht auf die Macht der Abschreckung,
nicht auf Kampf und Sieg um jeden Preis.

Du bist meine Stärke,
ich verlass' mich auf Dich.

Ich setze auf die Menschen guten Willens,
auf die Kraft der Verständigung.
Sanftmut ist geboten auf dem Weg zum Frieden,
Fantasie und Klugheit.

Du bist meine Stärke,
ich verlass' mich auf Dich.

Wir widerstehen dem Bösen –
aber nicht mit Gewalt!
Von dir beseelt ringen wir um Shalom,
so dass wir nicht verhärten!

Bärbel Fünfsinn

Im Schatten deiner Flügel

Unsere Erde brennt
steigende Temperaturen
dürres Land
vertrocknete Bäche
Wüsten breiten sich aus ohne Baum ohne
Strauch

wir erzeugen so viel Hitze
Verbrenner-Motoren
Asphalt Beton Stahl Glas
Seelen auf dem Weg ins Burn-out
schwelende Gewalt und glühender Hass

Gott
Gott dieser Schöpfung Gott dieser Welt
spende den Schatten, den dringend wir brauchen
hauch' in Hitze Kühlung zu
damit Leben am Leben bleibt

im Schatten deiner Flügel

Susanne Gäßler

Credo

Ich glaube an Gott,
die wunderbare einzigartige schöpferische Kraft,
die Menschen als Mann und Frau erschaffen hat.

Ich glaube an Jesus Christus,
geboren von Maria,
getauft von Johannes im Jordan,
Mensch gewordene göttliche Liebe und
Barmherzigkeit,
der mit Worten und Taten seine Botschaft vom
Reich Gottes verkündete,
der gekreuzigt wurde,
der am Ostermorgen als Auferstandener Maria
Magdalena zur ersten Osterzeugin und Apostelin
erwählt hat.

Ich glaube an die heilige Geistkraft,
göttliche Energie und Weisheit,
die Menschen stärkt, Erb*innen Christi zu sein,
die Mut macht zu neuem Denken und Handeln.

Ich glaube an eine Kirche,
in der Töchter und Söhne Christi gemeinsam
unterwegs sind,
in der nicht Macht, Ansehen, Herkunft und
Geschlecht zählen,
sondern in der alle Getauften und Gefirmten eins
sind in Christus Jesus, unserem Bruder und
Freund.

Ulrike Göken-Huismann

Gebet der Samaritanerin

(vgl. Johannes 4,1-16)

Am
Brunnen stehen
Müde und durstig
Von der langen beschwerlichen
Reise

Aus
Dem Brunnen
Frisches Wasser schöpfen
Gegen den Durst der
Wiederkommt

In
Meinem Inneren
Die durstige Sehnsucht
Nach deiner Quelle lebendigen
Wassers

Stille
Meinen Durst
Mit deinem lebendigen
Wasser dessen Quelle nie
Versiegt

Tanja Haas

Hütepsalm gegen den Krieg

Meine Hirtin, ich warte auf dich,
auf deinen Aufgang, wenn ich höre und lese
und nicht begreife

Dass heute möglich ist, was ein ferne
Vergangenheit zu sein schien,
Nachrichten aus einer anderen Zeit der körnigen
Schwarz-Weiß-Bilder des Krieges.
Meine Hirtin, wirst Du bei den Flüchtenden sein
und sie unter deinem Mantel bergen?
Wirst Du zusammenführen, die zerstreut werden
in die Exile Europas

Wirst Du ihre und unsere Ohnmacht mit deiner
Stärke füllen und der Friedfertigkeit das letzte
Wort geben?

Wenn Gewalt geschieht, als wäre niemand unter
einem leeren Himmel, alles zu sehen,
Bist Du dann noch da und wendest dich
gnadenvoll denen zu, die auf ein Ende der
Gewalt setzen?

Wolltest Du doch den Gewalttätern
in den Arm fallen,
die Waffen zum Schweigen bringen und die Saat
der Gewalt mitsamt ihren Wurzeln ausreißen?

Würdest Du uns beieinander finden lassen,
was wir von dir erhoffen,
Freundlichkeit, Zuversicht und Wahrhaftigkeit?

Würdest Du alle verstummen lassen,
die dich auf ihre Seiten ziehen wollen,
als wären wir nicht alle deine Kinder, Söhne,
Töchter, Kinder des Lebens.

Meine Hirtin, bleibst Du bei uns?
Und wenn Du bei uns bleibst, lehrst Du uns dann
das Leben in deinem Frieden,

geduldig und unbeirrt?
Du unsere Trösterin, rettest Du uns vor unseren
Möglichkeiten?

Meine Hirtin, ich warte auf dich,
auf dich und auf deinen Aufgang bei uns. Amen.

Annette Jantzen

Lots Frau

Starr

Stehe ich

Leer geweint

Salz verkrustet

Die Spuren, die ein Wunder

Fuß trat.

Auf der Grenze graut es

Mir

Hast Du die Hand gereicht

Du hast herausgeführt

Weil ich Dich kenne

Weil Du da bist

Bin ich so stark

Nein zu sagen

Und ich bitte

Dich

Gib denen, die weitergehen

Boden.

Lass Blicke treffen.

Lass Leid Namen tragen.

Auch Stehenbleiben ist ein Weg

Zu Dir.

Berenike Jochim-Buhl

Gewachsen im Lande des Elends

Das Elend ist groß
immer wieder
schlägt das Trauma zu
unberechenbar
Nähe fühlt sich gefährlich an
Vertrauen ist vergiftet
Auch Gott hat mich nicht beschützt

Und doch
die Zerstörung hat nicht das letzte Wort
da gibt es Menschen
die mit mir gehen
ich kann tiefer sehen
es gibt einen heilen Kern in mir
da begegnest DU mir Gott

„Gott ließ mich wachsen im Lande des Elends"
(Gen 41,52)

Barbara Haslbeck & Erika Kerstner

Ich bin

Ich bin eine Frau
wie Maria deine Mutter,
die dich geboren hat.

Ich bin eine Frau
wie Maria aus Magdala
die dir die Füße gesalbt hat.

Ich bin eine Frau
so wie Marta, die dich umsorgt
und Maria die dir zugehört hat.

Ich bin eine Frau
wie Johanna, Susanna und die andern,
die dich mit ihrem Vermögen unterstützt haben.

Ich bin eine Frau
wie die, die das Brot gebacken hat
für die Feste die Du gefeiert hast.

Ich bin eine Frau
wie viele andere die einfach DIR dienen will,
so wie die vielen zu deiner Zeit.
Sie aber sagen mir,
das darf nicht sein
„Du bist eine Frau!"

Marzella Krieg

Jakoba, die Gottesstreiterin

(vgl. Genesis 32,23-33)

Vieles muss ich loslassen,
Dinge,
Träume.
Menschen,
Gottesbilder.

Gott, mit der ich ringe,
lasse ich nicht,
verzweifelt und hoffend –
lebenslang.

Gott, die mit mir ringt,
lasse ich nicht,
stark und müde –
Tag für Tag.

Gott, die mich berührt,
manchmal schmerzlich,
manchmal sanft –
lasse ich nicht.

„Ich lasse dich nicht los,
wenn Du mich nicht segnest."

Segne mich.

Marie-Luise Langwald

Liebende*r G*tt

Du stellst unsere Füße auf weiten Raum
schenke uns den Mut, diese Freiheit anzunehmen.

Du rufst uns zu: Fürchte Dich nicht
schenke uns die Weisheit, das Richtige zu tun.

Du bist das Licht in der Dunkelheit
sei bei uns, wenn nichts mehr sonst trägt.

Du hast uns wunderbar geschaffen,
lass uns im anderen Dich finden.

Amen

Birgit Mock

Mutter Unser

DU, unsere Mutter, hier mit uns
DU bist und heilig
deine Wirklichkeit ist schon da
deine Pläne geschehen schon
wo auch immer wir sind
DU gibst uns das, was wir brauchen –
für Geist und Körper
DU ver-gibst uns das, was nicht gut ist
das tun wir auch bei unseren
Schwestern und Brüdern
DU zeigst uns was wir wirklich
brauchen
und erlöst uns damit von falschen
Erwartungen und Plänen
in Dir ist alles
DU schenkst uns Kraft
und bleibst mit uns in Beziehung
in deiner Energie
für immer
Amen.

Sabine Mehling-Sitter

Jiftachs Tochter
(vgl. Richter 11,29-40)

es war gottes wille sagen sie und ich weine
schaue auf ihre asche und fühle ohnmacht und
zorn
meine freundin war sie meine liebste
auch sie glaubte es sei sein wille
der wille jahwes des gottes jiftachs ihres vaters

ein deal war es zwischen jahwe und jiftach
jahwe hilft jiftach beim töten der ammoniter
jiftach bezahlt durch ein brandopfer
was ihm entgegenkommt daheim wird er töten
ein teuflischer deal

sie tanzte ich tanzte wir alle tanzten
als er kam der vater der verräter der mörder
er erschrak ohne zweifel an der gültigkeit des
deals
schonfrist räumte er ein bevor er sie verbrannte
in gottes namen

wenn es dein wille ist gott dass menschen
missbraucht gefoltert geopfert getötet werden
dann bist Du nicht mein gott
dann bist Du nicht
dann werde ich deinen willen niemals tun

wir weinen um sie die freundin die ermordete
in jedem jahr für immer
um alle ermordeten im namen des gottes jiftachs
wenn Du mitweinst uns freundin sein willst gott*
darfst Du sein

Regina Nagel

Maria von Magdala

Sieben Dämonen
sind eine ganze Menge
Für eine einzige Frau
Oder doch nicht?
Auch ich kenne ein paar

Nur keine Schwäche zeigen
Zartheit ist Schwäche
Tränen sind für die anderen
Ich brauche kein Frei
Ich muss immer erreichbar sein
Nein sagen geht gar nicht
... Und das sind nur die ersten, die mir einfallen.

Sie sind eine starke Truppe
Sie halten die Staffage aufrecht,
die ich manchmal für mein Ich halte
und doch sehne ich mich danach,
diese Krücken abzuwerfen

die Flügel auszubreiten
wie ein kleiner Vogel
der nicht groß sein muss

Geliebte sein
ist ein anderes Wort für Freiheit.

Sr. Ursula Preußer

Jetzt

(vgl. Jesaja 43,16-20)

denn jetzt wird es gut
Dein Versprechen
ist das Fließen
das Blühen
das wird
trotz dem
was ich Dir hinlege

Barbara Nick-Labatzki

Esters Vermächtnis*

Barmherzige, hilf Du auch uns, so mutig zu sein
und uns für die gerechte Sache einzusetzen.
Oftmals fällt es uns schwer, in den Zwängen des
Alltags für die Schwächeren Partei zu ergreifen.
In Anbetracht der globalen Ungerechtigkeiten,
Krisen und Kriege ist dies heutzutage wichtiger
denn je.
Man muss die Feind*innen, Gegner*innen und
bösen Personen klar benennen und sich gegen
sie zur Wehr setzen.
Nur so können sich Machtverhältnisse umkehren
und die Schwächeren gestärkt werden.
Lasst uns zusammenarbeiten und um deine
Stärke bitten, Du Barmherzige.
Gib Du uns die Zuversicht
und die Kraft, das Richtige zu tun.
Dafür danken wir dir.

Julia Rath

*Die kunstvolle, biblische Legende erzählt von der schönen Königin
Ester. Sie schützt mit Klugheit und mutiger Klarheit, ohne Rück-
sicht auf ihr eigenes Leben, das jüdische Volk vor einem Progrom.

Schwereleicht

(vgl. Psalm 31,9)

ich trage das Schwere nicht allein
zwar nimmst Du es mir nicht ab
Doch Du stärkst meine Schultern
ich spüre deine Kraft
Du machst meine Füße schnell
und schenkst mir einen Ausblick
in hellere leichtere Tage
es wird weitergehen
Schritt für Schritt
mit dir

Gabi Renneke

Schütte aus wie Wasser dein Herz

(nach Klagelieder 2,2-19)

Ich kann nicht klagen,
sagen wir oft gedankenlos,
und vergessen zu preisen
das uns gegebene Glück.

Wage zu klagen,
wage zu weinen:
Schütte aus wie Wasser dein Herz
vor dem Angesicht des Herrn.

Vernichtet sind alle Fluren Jakobs,
niedergerissen die Bollwerke der Tochter Juda,
zu Boden gestreckt, entweiht
das Königtum und seine Fürsten.

Wage zu klagen,
wage zu weinen:
Schütte aus wie Wasser dein Herz
vor dem Angesicht des Herrn.

Zu Boden senken den Kopf
die Mädchen von Jerusalem
Meine Augen ermatten vor Tränen,
mein Inneres glüht.

Wage zu klagen,
wage zu weinen:
Schütte aus wie Wasser dein Herz
vor dem Angesicht des Herrn.

Am Boden sitzen, verstummt,
die Ältesten der Tochter Zion,
streuen sich Staub aufs Haupt,
legen Trauerkleider an.

Wage zu klagen,
wage zu weinen:
Schütte aus wie Wasser dein Herz
vor dem Angesicht des Herrn.

Schrecknis reiht sich an Schrecknis.
Kinder sagen zu ihren Müttern:
Wo ist Brot und Wein?,
da sie erschöpft verschmachten auf den Plätzen
der Stadt,
da sie ihr Leben aushauchen auf dem Schoß ihrer
Mütter.

Wage zu klagen,
wage zu weinen:
Schütte aus wie Wasser dein Herz
vor dem Angesicht des Herrn.

Dorothee Sandherr-Klemp

Ich – dein Tempel?

Wisst ihr nicht, dass ihr Gottes Tempel seid
und Gottes Geistkraft in euch wohnt?
(1 Kor 3,16)

Weißt du nicht, dass du, Frau*, mein Tempel bist
und meine Geistkraft in dir wohnt?

Wenn ich dein Tempel bin, Gott,
dann ist Raum in mir
für viele
für Freude und Trauer
für Klage und Lied
für Leben mit Grenzen
für Stille und Gebet.

Wenn deine Geistkraft in mir wohnt, Gott,
dann ist Weite in mir
und Stärke, die nicht
aus mir selbst heraus kommt;
dann ist Lieben leicht.

Wenn ich dein Tempel bin, Gott,
und deine Geistkraft in mir wohnt,
dann bin ich ganz in dir
und Du in mir.

Amen – so sei es.

Brigitte Saviano

* *Hier den eigenen Vornamen einfügen.*

Glaubensbekenntnis

Ich glaube an Gott
die Liebe
die unerschütterliche Macht
die die Menschen hervorgebracht hat
nach ihrem Ebenbild
bedingungslos

Ich glaube an Gott
das Leben
die schöpferische Kraft
die sich entfaltet
in Vielfalt und Kreativität
niemals endend

Ich glaube an Gott
die Hoffnung
die unbeirrbare Energie
die Trost und Halt gibt
zu allen Zeiten
ewiglich

Amen

Marie-Simone Scholz

Talita kum!

(vgl. Markus 5,41)

Als Frau habe ich dich geschaffen.
Deine Würde ist unantastbar,
dein Körper heiliger Raum,
deine Seele ausgeschmückt mit Gold,
deine Stimme machtvoll und klar.
Von Ewigkeit her gewollt,
habe ich dich in meinen Händen liebevoll
geformt
und zum Leben geschaffen.
Und nun: Steh auf! Geh!
Fürchte dich nicht.

Teresa Schubert

Zeitenwechsel

(vgl. Kohelet 3,1-8)

Alles hat seine Stunde. Für jedes Geschehen
unter dem Himmel gibt es eine bestimmte Zeit:
eine Zeit, in der mein Leben begann
  und eine Zeit, in der es von mir zurückgefordert
  wird,
eine Zeit, an Körper und Geist zu wachsen
  und eine Zeit, alt und gebrechlich zu werden,
eine Zeit des Kampfes
  und eine Zeit der Versöhnung,
eine Zeit des Lebens mit Hilfe anderer
  und eine Zeit, anderen Hilfe im Leben zu sein,
eine Zeit der Verzweiflung
  und eine Zeit des Glücks,
eine Zeit des Protestes gegen die Lebensumstände
  und eine Zeit der Annahme,
eine Zeit der Rebellion
  eine Zeit der Sanftmut,
eine Zeit der Partnerschaft
  eine Zeit des Alleinseins,
eine Zeit der Unruhe
  und eine Zeit der Ruhe,

eine Zeit zu bewahren
  und eine Zeit zu verändern,

eine Zeit der Entfremdung
  und eine Zeit der Nähe,
eine Zeit der Stille
  und eine Zeit der Worte,
eine Zeit der Liebe
  und eine Zeit des Hasses,
eine Zeit für den Krieg
  und eine Zeit für den Frieden.

Eine Zeit der Männer
  und eine Zeit auch der Frauen?

Annett Teichmann

Antipsalm

(nach Psalm 104,10-18)

Vergiftet, versiegt
die lebendigen Quellen
durstig Mensch und Tier
Unrat und Abfall säumen die Ufer
Leben ist nicht mehr hier

Saurer Regen tränkt die Erde
Gras wächst strahlend hervor
Wein und Brot
wachsen auf krankem Boden
Mensch und Tier
leiden Not

Atommeiler
wie prächtige Zedern
dort baut kein Vogel sein Nest
längst ist er fort
sein Gesang ist verstummt
wohin – an welchen Ort?

Die Berge
gekrönt mit Liften und Bahnen
Hirsch und Steinbock heimatlos
vergeblich sucht der Adler nach Beute
zieht keine Jungen mehr groß

Gepriesen sei der Mensch
in all seinen Werken
sein ist die Welt
die Weisheit und Stärke

Rita Völkle

Kreis um die Ringelblume

(zu Jesaja 42,3 und Lukas 9,23-27)

Durchbrich die Routine,
um selbst nicht Schaden zu nehmen.
Du tust dir gut.
Geh dem nach,
was in dein Selbst gelegt ist:
Die Würde alles Lebendigen,
zu der dich Nachfolge ruft.

Schau auf den geknickten Stängel,
die zu Boden gedrückte Blüte,
niedergewalzt von monotoner Maschinerie,
achtlos verletzt von menschlicher Hand.
Wir wollen den Tod nicht schmecken.
Erinnere dich an die Verheißung,
die dich überschreitet:
„Ich zerbreche das geknickte Rohr nicht,
ich lösche den glimmenden Docht nicht aus!"

Was gewinnst du schon,
wenn du die ganze Welt gewinnst?

Maria Bebber und Julia Winterboer

Durch Tag
und Nacht

Berührt werden

Gott*

Berührung kann so gut tun!

Berührung kann trösten und
heilen, kann mich wachsen
lassen und mir Ansehen
geben.

Berührung kann aber auch
übergriffig sein, zerstören
und krank machen.

Hilf mir, dass ich die Grenzen
meines Gegenübers achte.

Hilf mir, meine eigenen
Grenzen zu schützen und
einzufordern.

Agnes Arnold

Gebet für Tage, an denen das Leben Purzelbäume schlägt

Hier und jetzt
bin ich.

Lass das „ich muss doch noch" ziehen
und das „hätte ich doch" sowieso.

Hier und jetzt
bin ich.

Das „ich könnte jetzt doch" bleibt liegen
und das „wäre ich doch" auch.

Hier und jetzt
bin ich
bist Du.

Amen

Ruth Fehlker

An der Schwelle zur Nacht

G-tt,
für die Dinge,
die uns heute Freude gemacht haben,
danken wir dir.

Ärztin und Heiland,
für die Dinge,
die uns heute Schmerz
und Kummer gebracht haben,
bitten wir um Frieden und Heilung.

Lebenskraft, die Du uns bist,
am Ende dieses Tages
gibt und Ruhe und Erholung.

Ewige,
segne unser Leben,
segne, was vergangen ist,
gib Segen auch für das,
was kommen mag.

Sei mit deinen Menschen
heute und immer.

Amen.

Siri Fuhrmann

Tagesgebet

Es ist ein guter Tag,
weil zwischen Sonne und Regen
auf unbegreiflichen Wegen
das Leben unterm Regenbogen
den Himmel zu erden vermag

M. v. Ici

Gebet am Morgen

Ich will heute meine Arbeit sorgfältig und
achtsam verrichten.
Ich will wachsam und bereit sein, damit ich dein
Anklopfen höre und dir die Türe öffne.
Was wirst Du zu mir sagen, wenn Du mir bei
meiner Arbeit über die Schultern schaust?
Erkennst Du auch an meinem Arbeitsplatz ein
Gleichnis für das Reich Gottes?

Ich will heute aufmerksam sein für dein Kommen!

Sr. Irene Gassmann

Abendgebet – müd und kurz

Mein Gott, –
Alles Weitere morgen.

Amen.

Regina Illemann

Pandemische Nächte

Gezeichnet
vom winter
häng ich
am leben.

All die nächte
beiße ich
die zähne zusammen.

Ich erwache
und noch immer
bin ich bei dir.

Annegret Langenhorst

Einmal

Einmal.
Einmal nur möchte ich ganz vertrauen.

Einmal.
Einmal nur möchte ich es wagen.

Einmal.
Einmal nur auf dein Wort hin handeln.

Einmal.
Einmal nur „Hier bin ich" sagen.
Auf das es einmal für immer ist.

Laura Meemann

fiat

Neulich, zwischen nachtblau und morgenrot
dachte ich, etwas zu hören.
Ich zog das Kissen über die Ohren.
Bereit, deinem Rauschen zu entfliehen.

Diesmal ist es anders.
Denn dein Rauschen wird zu Melodie,
mein Herzschlag zum Rhythmus unseres Liedes.
Verbunden und frei, unwissend und orientiert,
beginne ich.
Weil Du da bist.

Barbara Nick-Labatzki

Salbungsritual am Morgen

Behutsam salbe ich
mein Gesicht.
Zärtlich,
mit großer Aufmerksamkeit
für mich.
Möge mein Gesicht heute
etwas ausstrahlen davon,
dass ich ein Abbild Gottes bin.

Ich salbe
meine Füße.
Meinen direkten Kontakt
zum Boden,
zu Mutter Erde,
zur Schöpfung,
zu dem Grund,
auf dem seit Millionen Jahren
Menschen, auch Jesus,
zu Fuß unterwegs waren.

Ich salbe meine Hände.
Ich danke für alles,
was ich durch sie
schon geschafft habe.
Mögen ich mit ihnen,
bestärkt und inspiriert durch Gottes heilige
Geistkraft,
weiter mitbauen an Gottes Reich.

Gesalbt bin ich
und dufte.
So hülle ich mich
in Würde und Segen.

Andrea Rehn-Laryea

Morgengebet

Du bist mein Glück
mein Lichtstreif am Horizont
an einem trüben Morgen
im späten Herbst
Ins Meer deiner Liebe
lass ich mich sinken
mein Ich und mein Ego
meine Freude mein Leid
und jedwede Kleinigkeit
die mich stört
empfange Frieden
und frage
Was willst du mir sagen damit
und kein Warum
Du umgibst mich von allen Seiten
und ich fließe dir zu
im Meer der Liebe
fließe ich
mein Ein und mein Alles
mein Lebensgrund
Amen

Angela Repka

Segenstankstelle –
Ein Preacher-Slam

Neulich wurde ich gefragt,
hey wohin so schnell des Weges?
Zur Tankstelle habe ich gesagt.

Ach, ich muss noch schnell tanken!
Ich brauche Energie für meinen Weg für den
nächsten Schritt
– da geht eine mit
zum Vorwärtskommen, für die nächsten Tage,
gewiss zu sein – ich bin nicht allein.

Neulich wurde ich gefragt ...

Kraftstoff! Ich brauche ihn
Kraftstoff – um von dannen zu ziehn.
Wer gibt mir die Kraft, wenn alles bedroht,
wenn ich nicht mehr weiß, wohin in der Not.
Kraftstoff ist Segen – der mich ganz umfängt.

Neulich wurde ich gefragt ...

Segen ein Zeichen im Alltag ganz klein –
ein Kreuz auf der Stirn – im Auge ein Schein
Mit Bedacht Worte gemacht für dich ganz
speziell – Gott geb' auf dich acht
Sie stärk' dir den Rücken und geb' dir Geleit.

   Neulich wurde ich gefragt ...

Im Tank, da kommt nur was an, wenn ich
aufmachen kann,
wenn mein Herz geöffnet sein kann
Segen, Segen will ich kriegen
Will nicht allein in den Sorgen hier liegen,
mein Tank ist leer
ich mache ihn auf – und vertraue darauf!

   Neulich wurde ich gefragt,
   hey wohin so schnell des Weges?
   Zur Tankstelle habe ich gesagt.

Jetzt bin ich im Vorort was sehe ich da:
so viele die warten und sehnen sich ja –
nach Segen!

Manuela Weinhardt-Franz

Im Jahreslauf

Zum 11. Oktober

Gott*
Heute am Weltmädchentag
bitte ich besonders
für alle Mädchen,
dass sie ohne Unterdrückung
aufwachsen können,
um starke und selbstbewusste
Frauen zu werden.

Hilf mir,
meines dazu
beizutragen, damit jedes
Mädchen irgendwann
erfahren darf,
dass es ein Geschenk ist.

Agnes Arnold

Eins mit der Schöpfung

Eins mit der Schöpfung,
Verbundenheit und Liebe,
Glanz der Libellen im Sonnenlicht,
diamanten und doch zerbrechlich.
Das Himmelsblau erstrahlt
im neuen ewigen Glanz.
Der Vögel Gesang als Bote der Freude.
Grün in den Wogen des Waldes,
geheimnisvoll die Eulen am Rande des Sees.
Es wird dunkel, aber ich bin geborgen.
Eins mit den Geschöpfen,
ihre Schönheit bewundernd.
Vergänglich und doch für immer in dir.

Maike Domsel

Aschermittwoch

Deine
Seele ist
Lebendiges Feuer und
Asche ist dein vergänglicher
Leib

Kreuz
Aus Asche
Auf deinem Kopf
Macht dir dein Menschsein
Bewusst

Das
Feuer des
Lebens brennt in
Dir und zehrt dich
Auf

Leben
Hinterlässt Spuren
Und prägt sich
An Leib und Seele
Ein

Tanja Haas

Ein neues Jahr,
ein neuer Anfang

Mich locken lassen vom Zauber des Neuen.
Mich verzaubern lassen von der Lust,
mich wieder darauf einzulassen,
was das Leben für mich bereithält.
Mich einlassen auf die Höhenflüge und die
Ahnung, dass ich es wieder meistern werde.
Mich mit anderen verbinden,
die mich inspirieren.
Mich begleitet wissen von Dir – Gott –
weil Du dieses Jahr mit mir beginnst.

Barbara Huber-Bertl

Hallo, geliebtes Meer voll Energie

Das bist DU –
die Fülle an Energie,
an Schaffenskraft
am Besten, das ich tun kann.

Und das erbitte ich:
Lass mich den Zugang finden,
die Brücke, den Steg zum Meer.
Immer wieder. Bis zuletzt.
Und wenn der Zugang schmal wird oder
überflutet ist,
dann gib mir die Zuversicht,
dass er sich wieder zeigt
und ich voller Freude darüber gehen werde.
Kraftvoll oder zittrig. Bis zuletzt.

In der Schöpfung ist alles aus DIR hervorgegangen.
Ich kann meine Hand in das Meer eintauchen,
frisch, bewegt, manchmal unberechenbar ist
deine Energie.
Ich habe Teil, bin Teil.

Helga Kaiser

Was aber? Ostergedanken

Was aber
wenn ein Ostern
nicht die Auferweckung bedeutet
sondern Weitermachen
in allem Bisher

Was, wenn der Alltag
der gleiche bleibt
sich nicht anrühren lässt
von der alles verändernden Nachricht
was sucht ihr den Toten
den, der lebt?

Was aber, wenn alles bleibt,
wie es ist
sich gar nichts verändert
in dem ewigen Spiel
Arbeit und Freizeit
Gernhaben und Nichtmögen
Fernsehen, Musik hören,
Lesen, Reden, Bewirken
und Lassen?

Was aber, wenn Ostern
nur wieder irgendein Sonntag ist
mit Öffnungszeiten
in Bäckerei und Tankstelle?

Was aber
geschieht uns Unerlösten?

Michaela Labudda

Wir sind bereit

Wir sind bereit
Frauen auf dem Weg
Frauen, die Glauben neu entdecken wollen
Jede mit ihren Fragen
Eine, die Lebendigkeit sucht
Eine, die den Enkeln erzählen möchte
Eine, die ihren Platz sucht
Eine, die sich moderne Gottesbilder wünscht
Eine, die den Glauben von Krusten befreien
möchte

Eine, die an Grenzen stößt
Eine, die Tiefgang sucht
Eine, die kritische Fragen hat
Eine, die nach Hoffnungsbildern fragt
Eine, die über interreligiöse Fragen nachdenkt
Eine, die begeistert den Kurs ein zweites Mal
macht
Eine, die aufhören musste
Eine, die nach dem Leid fragt
Eine, die moderne Antworten sucht
Eine, die gendersensible Gottesdienste feiern
möchte

Eine, die den Austausch mit anderen Frauen
sucht
Zwei, die leiten
und auch auf dem Weg sind
Wir sind da!
Wir sind bereit!

Ilona Noll

Novembergrau

im Herzen manchmal Eiszeit
Trauer guter Gott
Ängste
die Vergänglichkeit greifbar
der Hoffnungslevel
unter Sicht

Wer gibt mir Zuversicht?
Wer trägt mich durch die dunklen Tage?
Wer hält mich aus in diesem Wirrwarr?

Heißt es nicht,
mit meinem Gott überspringe ich Mauern
Mein Gott trägt mich,
wo meine Füße lahmen

Guter Gott schenke mit Zuversicht,
trage mich und halte mich aus.

Ursula Sänger-Strüder

Ostergarten

In den dunklen Abgrund meiner Seele
hast Du einen Garten gepflanzt.
Samenkörner, wie Lichtfunken,
sätest Du in meinen Schmerz und meine Angst.
In den zerschlagenen Bruchstücken meiner Seele
begann es zu keimen und zu sprossen.
Wurzeln gruben neue Wege
und schufen nie geahnte Verbindungen.
Durchdrungen von deiner zärtlichen Liebe
begann der Garten in meiner Seele zu blühen.
Und ich erkannte, dass der Garten
auch meine Zuwendung und Pflege brauchte.
Mutig ging ich in ihn hinein
entfernte das immer wieder sprießende Unkraut
und unterstützte die kleinen, zarten Pflänzchen,
indem ich ihnen Hilfen zum Wachsen baute.
Eines aber fehlte noch:
eine sprudelnde, frische Quelle.
Da begriff ich,
dass ich mein Herz öffnen musste,
damit mein Seelengarten lebendig blieb.
Doch wer würde mir helfen,
die schweren Steine

vor dem Tor meines Herzens wegzutragen?
Die Gärtnerin schickte Engel an meine Seite
und sie halfen mir, mit aller Kraft,
das Tor freizulegen.
Zitternd und voller Furcht fragte ich mich,
ob es wirklich klug wäre, das Tor zu öffnen.
Ermutigt durch die Engel, drückte ich
das schwere Tor schließlich auf.
Ein Strom von pulsierender Wärme traf mich.
Er verbreitete so viel Lebensenergie und Glück
in meinem Seelengarten, dass ich nie mehr
Angst haben muss vor Dürre oder Unwettern.
Als ich die Gärtnerin eines Tages wieder traf
fragte sie: Sollte nicht ein so prächtiger Garten
bereit sein auch etwas Samen weiterzugeben?
Und der Wind kam und trug Samen fort, damit
Leben in anderen Seelengärten erblühen konnte.

Sr. Jona Marie Weitzel

Gebet in Blau

Ich schick dir mein Gebet
in aqua- und ultramarin,
mit meerwassertiefen worten
dazwischen Vergissmeinnichtbitten.

Bei nachthimmelbläue
seufzt es bleu-moll,
an kornblumentagen
steigt es aus
himmelblauem Schweigen
und singt
lavendeldank.

Gabriele Thönnessen

Frage im Mai

maria
ich stehe in deinem schatten
im schatten des baumes der mitten im leben steht
immer werde ich mit dir verglichen
du die hörende
ich die rebellin
du die wartende
ich die anpackerin

siehst du
die geschichte hat sich mir ins
gedächtnis eingebrannt
dass auch ich dich hasse und schubladisiere
ich wurde aus der sehnsucht eines einsamen
erfunden
wir waren uns so gleich
sprachen dieselbe sprache
waren glücklich über das spiegelbild der liebe
das wir im anderen entdeckten
gott begegnete uns als fragender
und so wurden auch wir zu fragenden wesen
wir begannen im gegenüber ein fragwürdiges
wesen zu entdecken

maria
so begegnen wir uns in der würde des fragens
und macht uns zu schwestern des glaubens

Sr. Sophia Weixler

Gebet am Morgen
des Heiligen Abend

Plötzlich ist er jetzt da – der Heilige Abend.
Wie jedes Jahrs einfach ganz von alleine.
Ich habe versucht Vieles vorzubereiten –
Einiges ist mir gut gelungen,
manches ist nicht so geworden,
wie ich es mir gewünscht hatte.
Der Heilige Abend kommt trotzdem.
Einfach so.
Du kommst trotzdem.
Du kommst trotzdem in eine Welt,
die mir dieses Jahr kaputter denn je erscheint.
Trotzdem.

Aus der Dunkelheit kommst Du ins Licht.
In unsere Dunkelheiten strahlt dein Licht.
Ohne unser Zutun. Einfach so. Weil du uns liebst.

Dafür bin ich dankbar:
Dass es jetzt Weihnachten wird – so wie jedes Jahr.
Das will ich feiern!

Amen

Susanne Weber

Leben
von Anfang
bis Ende

Rosenblüte

Unser Leben ist
wie eine Rosenblüte –
zuerst eine Knospe,
die Farbe ist noch nicht sichtbar,
doch dann springt sie auf –
jung, frisch und schön.

Von Wind und Regen,
von Sonne und Hitze,
manchmal von Schädlingen
gezeichnet,
wird sie älter und verblüht.

Schönheit und Lebenserfahrungen
sind nicht immer auf den ersten Blick erkennbar.

Werden und Vergehen –
älter werden mit all meinen Knitterfalten
und Gebrechen.
Älter werden im Vertrauen,
dass Gott meine verwelkten Blütenblätter auffängt.

Nadja Eigenmann-Winter

Ebenbild

Auf deinem Gesicht
Ein Strahlen
Das für einen Moment
Ewigkeit bedeutet.

Dein Prusten, Pusten
Lautes Lachen
Kommt mir entgegen und
Trägt mich
Himmelhoch.

Deine Hand
In meiner Hand
Erinnert
An Werden
Und Wachsen.

Was für ein
Kleines großes Glück
Du bist.

Katharina Goldinger

Notruf

Du, Lebendige, siehst Du mich?
In meiner Not ruf ich zu dir
Die Zeit steht still
Du, Ewige, schaust Du auf mich?
Mein Mann ist tot
Gerade noch umarmten wir uns
Gerade noch küssten wir uns
Wir gingen weiter unsrer Arbeit nach
Und dann fällt er um
und stirbt.
Plötzlich
Einfach so
Du, Kraft allen Lebens, stehst Du mir bei?
Lass mich nicht allein
Wie soll ich weiterleben?
Du, Allmächtige, ich bitte dich
um Trost, um Mut, um Liebe
Du, Barmherzige, lass mich nicht allein
Wärme mich und halte mich geborgen.

Gabriele Greef

Weißt du eigentlich, wie schön du bist?

Ich bin, wie ich bin.
Mit Macken und Kanten.
Den einen bin ich zu dick oder zu dünn.
Den anderen zu groß oder zu klein.
Und manchmal mag ich selbst gar nicht in den
Spiegel schauen.

Manchen bin ich zu leise, anderen zu laut.
Manchen zu kritisch, anderen zu leichtgläubig.
Manchen zu dumm, anderen zu klug.
Und manchmal kann ich mich selbst schon nicht
mehr hören.

Und da bist DU.
DU erträgst mich,
wenn ich mich selbst nicht zu ertragen scheine.

DU bist da und flüsterst mir sanft zu:
DU bist, die du bist. DU bist schön.

Ich habe mich in dich verliebt
und weiche dir seit dem ersten Tag
nicht von der Seite.

Sr. Philippa Haase

„KOMM …"

Dass du mich willst, göttliches Du,
nah an deinem Herzen, in deinem Blick,
gesandt mit (d)einer Botschaft,
unterwegs mit all den Menschen:
fragend, tastend, zweifelnd,
glaubend wie sie.

Dass Du mich willst:
brauchen willst, senden willst,
das macht mich sprachlos und glücklich,
weckt Kraft in mir, Phantasie und Mut.

Doch wirst Du dich auf mich verlassen können?
Wird man etwas von dir spüren in meinem
Denken, Sprechen und Tun?

Und darf ich selber sein und bleiben und werden
die ich bin?
So viele Fragen!
Du sagst mir zu, dass Verlass ist auf dich,
dass Du mit mir bist und mich nicht lässt.

So verlasse ich mich ...
und ich bin gespannt, was werden will
aus deinem Komm und meinem Ja.

Sr. Birgitte Herrmann

Sternenkind

Fort bist du, einfach fort, mein Kind ...
Du warst doch bei mir! Aber dann ... –
So viel zu früh ... –
Mein viel zu kleines Kind!

Wohin? Wohin, mein Kind?
Nur Schulterzucken. Starren.
Und WARUM?!
In schreiender Verzweiflung und geballter Wut.
Was hätt' ich tun sollen?!
Köpfeschütteln, kreisende Gedanken und
verbrannter Schmerz;
unzählige geweinte Tränen.
Und wieder: Warum?
Und warum ...?
Ach, mein Kind, warum?

Ich liebe Dich, mein Kind, noch immer
und ich glaube nicht, dass es dich nicht mehr gibt.
Ich glaube, dass der Tod dich nicht behalten hat.
Ich glaub', dass der, der dich geschaffen hat, dich
bei sich haben will.

Denn Gott lässt keines seiner Kinder
bei den Toten!
So lebst gewiss auch du bei Ihm, mein Kind.

Ich lebe weiter ohne dich, mein Kind,
und irgendwann gewöhn ich mich daran;
auf manche unverhoffte Weise find ich Trost.
In meinem Herzen ist ein Platz für dich mein
Leben lang.
Du bleibst mir nah! – Und fern zugleich ...
Auf Wiederseh'n, mein Kind. Auf Wiederseh'n!

Regina Illemann

Namenlos immer da

Du
namenlos immer da,
hast mich berührt bis auf den Grund,
geprägt mit Deinem Siegel,
geführt in fremdes Land.

Du
namenlos immer da,
hast mich – enttäuscht, bedrängt, verwundet –
im Dunkel weiter leben lassen, beschützt von
fremder Hand.

Du
namenlos immer da,
willst mir im Nichts begegnen,
in Licht getaucht, von Klang umhüllt.
Du hast mich in die Welt gesandt.

Du
namenlos immer da,
unaufdringlich wandelbar
durchbricht Dein Geist das Licht der Welt,
die Du in Deinem Wort erhellst.

DU
namenlos, doch immer nah,
im Alltag unscheinbar verborgen,
Grund aller Hoffnung auf ein Morgen.

Das Kind kennt Deinen Namen.
Es schweigt und es spricht: AMEN.

Gabriele Lautenschläger

Gebet für ein Sternenkind

Wir lieben dich.
Wir vermissen dich so sehr.
In unserem Herzen bist du uns so nah,
aber nicht in unseren Armen.

Wir hoffen,
dass es dir gut geht,
da, wo du jetzt bist.
Es bleibt uns ja nichts anderes übrig.
Wir glauben,
dass du jetzt bei Gott bist
und bei allen Engeln.
Dass du dort glücklich bist.
Dass du dort
all die Spiele spielen kannst,
die wir so gerne mit dir gespielt hätten.
Dass dort dein Lachen hell und laut erklingt,
das wir so gerne gehört
und mit dir geteilt hätten.
Dass du dort heil bist,
ganz umfassend.

Unsere Tränen fließen und fließen.
Sie seien für dich
wie ein warmes Bad unserer Liebe.
Unsere leeren Hände segnen dich.
Sei behütet,
du kostbarer Schatz.

Zu dir, Gott,
schreien wir unseren Schmerz und unser Warum.
In dieser Situation fällt es uns schwer
zu glauben an dich und deine Liebe.
Dennoch bitten wir dich:
Nimm unser Kind in deine Nähe auf
und beschützte es mit deiner liebenden Hand.
Gib unserem Kind ein neues Zuhause
in deinem himmlischen Reich
und verlass uns nicht,
sondern sei an unserer Seite,
wenn wir uns bemühen,
mit unserem tiefen Schmerz
leben zu lernen.

Andrea Rehn-Laryea

Da ist etwas in mir

Da ist etwas in mir.
Niemand kann es sehen.
Und doch lodert es in mir.
Eine besondere Wärme umgibt mich,
ja eine unbeschreibliche Geborgenheit.

Da ist etwas in mir.
Noch ist es klein,
aber es will raus und wachsen.
Größer werden als alles andere,
ja das Größte sein.

Da ist etwas in mir.
Ich kann es nicht begrenzen.
Doch kann ich es befreien.
Es will hinaus in die Welt,
ja ich kann es verbreiten.

Da ist etwas in mir.
Was kann es schon bewirken?
Es kann vieles bewegen.
Jeder kann es verbreiten – jung wie alt,
ja sogar Ich und Du.

Da ist etwas in mir.
Was ist es?
Es ist etwas ganz Besonderes.
Keinen einzigen Cent kostet es,
ja und doch ist es wertvoller als alles andere.

Da ist etwas in mir.
Ein Geschenk von Gott –
Die unbedingte Liebe.
Drum will ich singen,
ja loben und danken.

Lena Reischert

Gebet im Wechsel

Du Lebendige,
mitten in meinen Wechseljahren,
sagst Du mir:
Ich bin da.

Bei Gespräch am Familientisch
Ich bin da.
Beim Austausch mit der Nachbarin
Ich bin da.
Beim Besuch von Freundinnen
Ich bin da.

Wenn ich nicht mehr weiterweiß
Wenn ich unsicher bin
Wenn mir heiß und kalt wird

Wenn mein Herz rast
Wenn ich Neues entdecken darf
Wenn das Glück in allen Poren spürbar ist

Wenn meine Erfahrung zählt
Wenn ich meinem Bauchgefühl vertraue
Wenn alles gelingt

Wenn ich traurig bin
Wenn ich Lust habe
Wenn Chaos herrscht

Lebendige,
Mitten in mein Leben hinein,
sagst DU:
Ich bin da.

Katrin Brockmöller und Walburga Wintergerst

Jüngstes Gericht

Vor dem Himmlischen Hochzeitsmahl
werden wir uns um Gottes Thron versammeln

Eingehüllt
in göttliches Licht
in göttliche Wärme
in göttliche Güte und Barmherzigkeit

werden wir nackt sein
nichts mehr verbergen müssen
einander in die Augen schauen
einander unsere Geschichten erzählen

Und
endlich verstehen
endlich Verantwortung übernehmen
endlich verzeihen
endlich angenommen sein

Die Schmerzen werden abebben
die Tränen versiegen

Und dann
werden wir alle sehr hungrig sein

Gabriele Landler

Trost in schweren Zeiten

gott

ich will es glauben
dass DU die erniedrigten erhöhst
die wunden heilst
und für gerechtigkeit sorgst

aber
wann
gott
wann?

lass mich nicht aufhören
darauf zu hoffen

rufe es mir zu
wenn alles in mir schreit
flüstere es mir ins ohr
wenn ich nicht schlafen kann:

die
zeit
wird
kommen

Johanna Beck

Dominus flevit

Du,
brichst uns das Brot
und wir
brechen dir das Herz.

Untröstlicher Gott

M. B.

Gott

unergründliches Schweigen

grenzenlose Liebe

unmittelbare Gegenwart

Angelika Sirch

Was, wenn Du G*tt

Was, wenn Du G*tt, Schöpfer und Gebärende bist
Wir Geborene, gewachsen im Mutterleib
Geborgen, genährt und dann in die Welt hinaus
Verbunden mit der Schnur des Lebens

Was, wenn Du G*tt allmächtig und
ohnmächtig bist
Wir erschöpft angesichts aller Katastrophen
Ausgeliefert, überfordert und angewiesen
Und Du G*tt bist bei uns im Schmerz

Was, wenn Du G*tt in unsere Welt kommst
Heute und hier als Geschwister, als Freund*in
Lebst, arbeitest, feierst und ja, auch stirbst
Geschlagen, gefoltert, alleingelassen

Was, wenn Du G*tt unsere Welt verlässt
Den Tod nicht auslässt, aber aufstehst
Bis zum Himmel und zurück
Du rückst zurecht, was Unrecht und Recht ist

Was, wenn Du Heiliger Geist und heilige Weisheit
Deinen Segen, Deine Kraft unter uns Menschen
Wirken, wehen und wachsen lässt
Zu einer Gemeinschaft in Vielfalt

Was, wenn ich darauf vertraue, immer aufs Neue

Barbara Coors

Wider den Status quo

Liebe!
so sehr du kannst
jede*n
denn sie sind wie du.
Frei
zur Freiheit be-freit
um fest zu stehen
im Widerstand
gegen jede Übermacht.
Wie willst du deine Freiheit einsetzen?

Farina Dierker

Gib mir dein Wort!

Gib mir dein Wort,
wenn ich sprachlos bin.
Wenn andere mich laut mit Worten überfallen:
Sprich Du in mir.

Gib mir dein Wort,
wenn ich nachdenke und um Lösungen ringe.
Wenn ich Ideen suche:
Locke Du mich.

Gib mir dein Wort,
wenn ich um Rat gefragt werde.
Wenn von mir Wissen erwartet wird:
Weise Du mich.

Gib mir dein Wort,
wenn ich bete.
Wenn mir oft Gedanken kommen,
die mich ablenken:
Bete Du mit mir.

Gib mir dein Wort,
wenn ich nicht mehr sprechen kann.
Wenn irgendwann ich atemlos bin
und es dunkel um mich wird –
für meine letzte Stunde:
Singe Du für mich.

Die schönste Melodie ist dein Wort.
Für mich.

Amen.

Dorothy Gockel

Du hast mich gerufen

Gott, Du traust mir etwas zu.
Du willst, dass mein Leben erstrahlt,
meine Berufung sich entfaltet.
Du hast sie mir geschenkt.
Hast mir mein Leben anvertraut.

Und Du stehst mir zur Seite,
wenn die Mauer plötzlich auf meinem Weg
emporschießt.
Steine, die sich hier und da auftürmen.
Immer wieder.
Unerschüttert, über Jahrhunderte hinweg,
verkittet mit dem Mörtel der Tradition.
Es sind Mauern, die nur uns Frauen gelten.
Mit Dir kann ich weiter gehen.
Schritt für Schritt.
Und immer wieder auch Mauern einreißen.
Weil Du uns in deine Kirche rufst und sendest:
Als Männer und Frauen.

Sr. Philippa Haase

Antlitz

In deiner Luft bewege ich mich.
Ich suche deinen Atem, dein Gesicht.
Ich ertaste meinen Weg
und da legst du dein Bild hin.

Sie beschwert sich mir ins Gesicht,
Sie trauert mich an,
geschlagene Frau,
ertrunkenes Kind.

Dein Antlitz bewegt mich zu dir.
Ich atme deine Luft ein, gottlob.
Es ist ein Weg zu gehen.
Dein Antlitz sieht mich an.

Trees Versteegen

Die Bank des Trostes

Schmerzensgeschwister sind wir
uns verbindet das Leid
einem Menschen zum Opfer gefallen zu sein

Viele um uns herum halten das nicht aus
es gibt keine Lösungen
Tipps und Trostpflaster wollen wir nicht

Doch wir sind als Betroffene verbunden
wir können nebeneinander sitzen
wie auf einer Bank

Schulter an Schulter
halten Ausschau nach Gott
das ist tröstlich

Barbara Haslbeck & Erika Kerstner

Gebet für Frauen in politischem Unfrieden

Gute*r G*tt,
uns Vater und Mutter,
Du G*tt des Friedens,
voller Entsetzen schauen wir auf die
Krisengebiete dieser Erde.

So bitten wir heute
für all die Frauen,
die derzeitig in der Ukraine um ihre toten
Männer trauern,
für die Palästinenserinnen, deren Lebensraum
immer mehr eingeengt wird,
für die trauernden und verzweifelten Syrerinnen,
für die trotz Verbot demonstrierenden Frauen
im Iran.

Für alle Frauen, die da, wo sie leben, mutig um
Frieden, Freiheit und Gerechtigkeit kämpfen.
Schenke Ihnen Deine Kraft und Deinen Trost,
immer wieder neu aufzustehen.

Und lass nicht zu, dass WIR gleichgültig werden
im Umgang mit Frieden,
Freiheit und Gerechtigkeit.

Mach uns zum Werkzeug Deines Friedens,
in unseren Gebeten und in unseren Alltagen,
da, wo wir gerade stehen und leben.

Amen

Margarete Kohlmann

Wem

Zu wem
wenn nicht zu dir
werd ich die Freundin bringen
dass sie
aufsteht

wem
nicht dir?
werd ich den Regen danken

der aus unsrer Schuld
ausbliebe
und den Boden tränkt
in überwältigendem Rauschen

und wem
wenn dir
nicht
drück ich den stummen Hass
der Blüten, Mensch
vernichtenden Gewalt
ins Herz

so nicht
wie wir es lernten

wie die stummen Vögel
nachts

so

nur dir

Katharina Pomm

Zuspruch in unsicheren Zeiten

Wie wird es sein, was wird geschehn'?
Werd' ich lachen oder weinen?
Werd' ich bequeme Wege gehn?
Oder nur die engen, steilen?

Nicht Schicksal, Würfel, dunkle Macht,
Gott*, die liebt, hat auf dich acht.

Keine von uns kennt ihre Zukunft,
niemand kann mir etwas sagen.
So wünsche ich mir sichere Auskunft,
statt ins Dunkle mich zu wagen.

Nicht Schicksal, Würfel, dunkle Macht,
Gott*, die liebt, hat auf dich acht.

Es liegt an mir bereit zu sein
und mein Leben zu gestalten.
Die Zukunft kommt von Gott* allein,
ich kann Gaben nur entfalten.

Nicht Schicksal, Würfel, dunkle Macht,
Gott*, die liebt, hat auf dich acht.

Eleonore Reuter

Segensworte

Segen

Du bist eine Königin,
von Gott gesalbt und gekrönt.
Deine Würde ist unauslöschbar.
Sie sitzt tief in dir drin.
Du darfst dir das immer wieder sagen
und dir vor Augen führen:
Ich bin königlich!
Deshalb kannst du aufrecht stehen und gehen.
Du kannst für dich – und für Andere – eintreten
und deine Rechte einfordern.
Vor allem weißt du selbst um deine Würde:
Du kannst JA sagen zu dir selbst.
So wie du bist, bist du wertvoll und richtig.
Gott setzt dir die Krone auf. Jeden Tag aufs Neue.
Spürst du sie?
Sie ist ganz leicht und bewirkt so viel.
Gott ist mir dir. Gott segnet dich,
heute und immer.
Amen.

Janina Adler

wäre würde wahr

meine würde
als frau
als mensch

von dir, G*tt,
ist sie mir zugesagt
und nichts
kann sie mir nehmen

nichts?
es sind
mein vergessen
meine erfahrungen
meine verwundungen,
die mich klein werden lassen

wäre würde wahr
so geschieht begegnung
auf augenhöhe,
so geschieht bewegung
sendung

wäre würde wahr
so wachse ich
werde weit
in deiner
unendlichen liebe

wahre würde
war schon immer –
von dir, G*tt, geschenkt
von anbeginn der zeit

auf wahrer würde
liegt dein segen

Almuth Blumenroth

Segen

Die ewig-heilig Drei-Einzige
segne, behüte, beschütze, bewahre,
stärke, begleite, führe und leite,
versöhne und tröste, heile und heilige dich.

M. B.

Abendsegen

für die, der es nicht gut geht
für die, deren Herz schwer ist
für die, die vor Sorge keinen Schlaf findet
für die, die Abschied nimmt
für die, deren ungeweinte Tränen schmerzen
für die, die mit aushält
für die, die Segen braucht.

Cornelia Egg-Möwes

Segensbitte

Adonaj, Shaddaj, segne uns,
wie Du Rut und Noomi gesegnet hast,
indem Du deine Flügel über sie ausgebreitet hast
und sie ein Leben in
Fülle leben konnten.
Sei Du unser Löser und unsere Lösung,
wenn Lebensknoten unser
Leben verheddern.
Löse Du sie.
Zeige uns neue Perspektiven, lass uns kreativ
werden und um die Ecke denken.
Du Gott Ruts, Noomis und Davids,
segne uns heute und alle Tage.

Stephanie Feder

Am Abend

Ein Segen für die,
deren Welt sich verdunkelte
und deren heimatlose Heimat
die Flammen fraßen.

Ein Segen für die,
deren Tage kurz und randvoll sind,
damit das Lieben
nicht leeres Wort bleibt.

Ein Segen für
die Ängstliche,
die Sture,
die Unermüdliche.

Für die, deren Diplomatie
sich erschöpft.

Ein Segen
für diese, deine Nacht:
Dass sie die Menschheit eine
in ihrem Bedürfnis nach
Frieden
und Schlaf.

Katharina Goldinger

Gebet für Neuanfänge

Ich lasse mich vom Anfang kitzeln –
Mich locken vom Reiz des Neuen –
Gib Du mir Segenskraft in meine Neugier,
Hoffnungsmut in meine Unsicherheit
und ein bisschen Wahnsinn,
um wieder neu zu beginnen.

Barbara Huber-Bertl

Ein Segen für alle, denen ein Segen verwehrt wird

Deine Wut sei gesegnet.
Sie erinnere daran, was Gerechtigkeit fordert.

Deine Zuversicht sei gesegnet.
Sie lasse Dich sehen, was werden kann,
während es noch nicht ist.

Deine Ausgrenzung sei gesegnet,
aber nicht gutgeheißen.
Sie sei anderen Menschen ein Grund für
Solidarität.

Deine Hoffnung sei gesegnet.
Sie werde Dir zur Kraftquelle und lasse Dich
Deinen Weg weitergehen.

Deine Verletzungen seien gesegnet,
aber nicht gutgeheißen.
Sie mögen in Sicherheit heilen können.

Deine Liebe sei gesegnet.
Sie gebe Dir eine Ahnung von Heiligkeit.

Und so sei gesegnet;
im Namen des Dich liebenden Gottes,
welcher Dir Vater und Mutter ist,
in Jesus Christus,
durch die Heilige Geistkraft.
Amen.

Juliana Osterholz

April-Segen

Gott segne unsere Viel-Seitigkeit,
dass sie für uns und andere zum Segen werde.

Gott segne unsere Sonnen- und Schattenseiten,
damit sie unser Leben zur Reife bringen.

Gott segne den Gegenwind in unserem Leben,
damit er uns widerstandsfähig und kraftvoll
mache.

Gott segne die hellen und dunklen Wolken
in unserem Leben,
damit sich daran unsere Fantasie entwickeln
kann.

Gott segne den launigen April in uns.
Amen.

Angelika Plümpe

Lebendige

Lebendige segne uns.
Mit Ruhe in unserem Schlaf.
Mit Visionen in unseren Träumen.
Mit einem ruhigen Verstand bei unserem
Erwachen.
Mit der Freundschaft der heiligen Geistkraft in
unserer Seele.

Diese Nacht und jede Nacht.
Amen.

Claudia Rackwitz-Busse

Gesalzener Segen

Wenn Jesus gesagt hat:
„Ihr seid das Salz der Erde"
heißt das:
Ihr seid nicht geschmacklos!
Ihr macht die Erde würzig und genießbar.

Salz ist Würze
– Wir sind Würze für die Welt
Gott segne Eure Würzkraft,
Dann gebt Ihr Geschmack am Leben.

Salz trägt und lässt nicht so schnell untergehen
– Wir sind tragender Grund.
Gott segne Euch und trage Euch,
Dann könnt Ihr andere mittragen.

Salz macht Speisen haltbar und erhält Leben
– Wir sind Lebenserhalterinnen.
Gott segne Euch
und halte Euer Leben in der Hand,
Dann gebt ihr der Welt Lebendigkeit und Leben.

Salz lässt Eis schmelzen
– Wir sind Taumittel für die Welt.
Gott segne Euch
und mache Euch auflösend und befreiend,
Dann bringt Ihr die Eispanzer
um die Herzen zum Schmelzen.

Gott segne Euch
„Ihr seid das Salz der Erde."

Ursula Schell

AUTORINNEN*

Adler, Janina, Pastoralreferentin, Referentin für Frauenpastoral und Geschäftsführerin der Frauenkommission im Bistum Mainz.

Arnold, Agnes, Themenfeldverantwortliche für Jugendpastoral, Kath. Jugendstelle Ebersberg.

Bebber, Maria, geb. 1988, Theologin, Köln.

Beck, Johanna, geb. 1983, Theologin und Autorin.

Blumenroth, Almuth, geb. 1957, Religionslehrerin in der Grundschule, zuvor viele Jahre in der Gemeindearbeit engagiert.

Brandenstein, Sabina, geb. 1959, Klinikseelsorgerin.

Bruns, Barbara, Geistliche Leiterin im kfd-Diözesanverband Münster.

Coors, Barbara, Regionalreferentin für Nordbaden, Evangelische Landeskirche in Baden.

Dierker, Farina, Bereich Frauenseelsorge/kfd, Bistum Osnabrück.

Dierkes, Petra, geb. 1963, Leiterin der Hauptabteilung Seelsorge, Generalvikariat, Erzbistum Köln.

Domsel, Dr. Maike Maria, geb. 1978, Religionslehrerin und Privatdozentin im Bereich Religionspädagogik, Bonn.

Ebert, Claudia, Seelsorgerin bei Menschen mit Behinderung, Stuttgart.

Egg-Möwes, Cornelia, Pfarrerin, Mainburg.

Eigenmann-Winter, Nadja, geb. 1963, Krankenhausseelsorgerin im Kanton Zürich.

Englert, Susanne, Pfarrerin, Evangelische Krankenhausseelsorge Esslingen.

Feder, Stephanie, Projektleiterin „Kirche im Mentoring – Frauen steigen auf", Hildegardis-Verein, Bonn.

Fehlker, Ruth, geb. 1979, Pastoralreferentin und Geistliche Leiterin der kfd im Bistum Münster.

Fuhrmann, Siri, Referentin für spirituelle Bildung und Begleitung in den Einrichtungen der Caritas auf Norderney.

Fünfsinn, Bärbel, geb. 1962, Lehrerin, Theologin und Musikerin, Hamburg.

Gallegos Sánchez, Dr. Katrin, geb. 1978, Betriebswirtin und Theologin, Pastoralreferentin, Oberursel.

Gäßler, Susanne, geb. 1967, Pastoralreferentin, Bistum Augsburg.

Gassmann, Sr. Irene OSB, geb. 1965, Priorin der Benediktinerinnen, Kloster Fahr (Schweiz).

Gockel, Dorothy, geb. 1974, Pastoralassistentin, Wesseling.

Göken-Huismann, Ulrike, Geistliche Begleiterin der kfd auf Bundesebene, Goch.

Goldinger, Katharina, geb. 1981, Dipl.-Theol., Pastoralreferentin im Bistum Speyer.

Golly-Rolappe, Jutta, geb. 1966, Gemeindereferentin, Beerdigungsleiterin, Trauerbegleiterin und Autorin, Hannover.

Greef, Gabriele, Jg. 1950, Diplom Pädagogin, Grund- und Hauptschullehrerin i. R., Seckach.

Greiner-Bär, Paula, geb. 1997, Wissenschaftliche Mitarbeiterin an der Professur für Exegese und Theologie des Neuen Testaments, Uni Erfurt.

Haas, Tanja, geb. 1973, Seelsorgerin, Thalwil, Schweiz.

Haase, Sr. Philippa OSF, Wissenschaftliche Mitarbeiterin an der Professur für Pastoraltheologie und Homiletik, Uni Regensburg.

Haslbeck, Dr. Barbara, Trägerteam der Initiative Gottessuche. Glaube nach Gewalterfahrung (www.gottes-suche.de), Freising.

Herbst-Jütten, Christiane, Zahnärztin i. R., Bonn.

Herrmann, Sr. Birgitte, Kloster Esterwegen.

Huber-Bertl, Barbara, Pastoralassistentin für Partenkirchen-Farchant-Oberau.

Illemann, Dr. Regina, Theologische Referentin beim Katholischen Deutschen Frauenbund, Bonn.

Jantzen, Annette, geb. 1978, Pastoralreferentin und Frauenseelsorgerin im Bistum Aachen.

Jochim-Buhl, Berenike, geb. 1987, Wissenschaftliche Mitarbeiterin am Lehrstuhl für Altes Testament, Uni Tübingen.

Kaiser, Helga, geb. 1971, Wissenschaftliche Referentin beim Katholischen Bibelwerk e.V., Stuttgart.

Kerstner, Erika, Trägerteam der Initiative Gottessuche. Glaube nach Gewalterfahrung (www.gottes-suche.de), Stutensee.

Kohlmann, Margarete, geb. 1949, Lehrerin i. R., Supervisorin, Münster.

Krämer, Christa, geb. 1957, Dipl.-Theol., Betriebsleiterin, Stuttgart.

Krieg, Sr. Marzella, Leiterin des Bildungsforums Kloster Untermarchtal.

Labudda, Michaela, Dekanatsreferentin im Dekanat Hellweg, Unna.

Landler, Gabriele, geb. 1964, Theologin und Seelsorgerin, Koblenz.

Langenhorst, Dr. Annegret, geb. 1966, Gymnasiallehrerin, Wendelstein.

Langwald, Marie-Luise, Referentin für Orden und Geistliche Gemeinschaften, persönliche Referentin des Weihbischofs, Bistum Essen.

Lautenschläger, Gabriele Dr. theol. habil., geb. 1952, Blankenbach.

Meemann, Laura, geb. 1994, Pastoralassistentin, Gelsenkirchen.

Mehling-Sitter, Sabine, Frauenseelsorgerin im Bistum Würzburg.

Mock, Birgit, Geschäftsführerin, Hildegardis-Verein, Bonn.

Nagel, Regina, geb. 1961, Gemeindereferentin im Bistum Rottenburg-Stuttgart, Widdern.

Nick-Labatzki, Barbara, Referentin für Frauenseelsorge im Bistum Osnabrück.

Noll, Ilona, Berufsschullehrerin, Handewitt.

Osterholz, Juliana, Mitglied der Bewegung #OuInChurch, Münster.

Plümpe Angelika, geb. 1950, Lehrerin i. R. und geistliche Begleiterin in der kfd Berlin.

Pomm, Katharina, Seelsorgerin in der Zentralklinik Bad Berka.

Preußer, Sr. Ursula, geb. 1961, Missionsärztliche Schwester, Duisburg.

Rackwitz-Busse, Claudia, Konviktmeisterin, Hamburg.

Rademacher, Dr. Anne, Seelsorgeamtsleiterin im Bistum Erfurt.

Rath, Julia, geb. 1992, Bereichsleitung Diversität | Integration | Inklusion am Servicezentrum der Berliner Volkshochschulen.

Rehn-Laryea, Andrea, Pastoralreferentin und Naturmentorin, Amelinghausen.

Reischert, Lena, geb. 1999, Gemeindeassistentin im Pastoralraum Heppenheim.

Renneke, Gabi, gelernte Glasmalerin, Syke.

Repka, Angela, geb. 1948, Literaturübersetzerin mit Diakonatsausbildung, Offenbach a.M.

Reuter, Prof. Dr. em. Eleonore, geb. 1961, em. Professorin für Exegese des Alten und Neuen Testaments, Belm.

Reuver, Sr. Marie-Pasquale osf, Pastoralreferentin, Hochschulseelsorgerin ÖHG Hohenheim.

Sandherr-Klemp, Dorothee, Geistliche Beirätin des KDFB, Köln.

Sänger-Strüder, Ursula, geb. 1954, Erwachsenenbildnerin, Köln.

Saviano, Brigitte, geb. 1974, Referentin für Caritaspastoral, Köln.

Schell, Dr. Ursula, Geistliche Begleiterin des KDFB Diözesanverbandes Augsburg, Referentin der Frauenseelsorge des Bistums Augsburg.

Schilling, Dr. Susanne, Pfarrsekretärin, Heppenheim.

Schneider, Sr. Susanne MC, geb. 1963, Missionarin Christi, Theologin, Bildungsreferentin bei missio München.

Scholz, Marie-Simone, Referentin für innovative Frauenpastoral im Erzbistum Paderborn.

Schönenberger, Sr. Ruth OSB, Priorin der Missions-Benediktinerinnen von Tutzing.

Schubert, Teresa, geb. 1983, Wissenschaftliche Mitarbeiterin, Katholische Systematische Theologie, Uni Hildesheim.

Schwanekamp, Ursel, Pastoralreferentin in Münster (Westf.).

Sirch, Dr. Angelika, geb. 1958, Religionslehrerin am Gymnasium Marktoberdorf.

Teichmann, Annett, geb. 1966, Rechtsanwältin, Borna.

Thönnessen, Gabriele, geb. 1963, Gemeindereferentin, Selfkant.

Tokens, Katharina, Rentnerin, vorher im Krankenhaus tätig.

Versteegen, Trees, geb. 1957, Pastoralreferentin i. R., Nimwegen, Niederlande.

Völkle, Rita, geb. 1947, Religionslehrerin i. K., Biberach.

Weber, Susanne, geb. 1969, Gemeindereferentin, Kath. Pfarrverband Partenkirchen-Farchant-Oberau.

Weinhardt-Franz, Manuela, Sozialpädagogin und systemische Coachin.

Weinitschke, Eva, geb. 1974, Dipl.-Geografin, Nieder-Olm.

Weitzel, Sr. Jona Marie, geb. 1978, Theologin, Vierzehnheiligen.

Weixler, Sr. Sophia, geb. 1995, Barmherzige Schwestern vom Hl. Vinzenz von Paul, Untermarchtal.

Winterboer, Julia, geb. 1989, Hochschulseelsorgerin, Bielefeld.

Wintergerst, Walburga, Gemeindereferentin und Referentin für Bibelpastoral, Bistum Speyer.